MÉMOIRE JUSTIFICATIF

POUR

LONJON DE PERPIGNAN,

PROPRIÉTAIRE.

ACCUSATION DE COMPLOT CONTRE LA SÛRETÉ INTÉRIEURE
DE L'ÉTAT.

MÉMOIRE JUSTIFICATIF

POUR

LONJON DE PERPIGNAN,

PROPRIÉTAIRE.

L'INFORTUNÉ *Lonjon* est près de subir la peine capitale, et cependant si l'on examine avec attention l'accusation et la déclaration du jury, on reconnaîtra qu'il est INNOCENT de l'accusation de *complot* portée contre lui !

Loin de nous la pensée d'accuser un jury français ou les magistrats qui ont pris part à son arrêt; mais si, comme nous sommes certains de le démontrer, leur jugement a erré, nous sera-t-il défendu de faire connaître une erreur qui est encore réparable, puisque le recours à la clémence du Monarque est encore ouvert?

Quel est le crime de Lonjon, en prenant pour constans *tous* les faits articulés contre lui dans l'acte d'accusation ? (et certes on ne peut pas concéder davantage), le voici.

Il s'est rendu porteur des proclamations émanées d'un visionnaire, le sieur *Cugnet de Montarlot,* qui avait l'insigne folie de s'ériger en *fondateur* du grand ordre du Soleil, et de se donner à lui-même les titres pompeux de *président du grand empire,* et de généralissime des armées constitutionnelles ; lui que le gouvernement démocratique de l'Espagne avait fait arrêter, en 1819, à Sarragosse, comme espion ; lui qui n'avait jamais inspiré à aucun parti la confiance nécessaire pour lui mériter le moindre emploi.

Selon l'Acte d'accusation, Lonjon a accepté un brevet de capitaine-aide-de-camp de ce souverain de nouvelle espèce, et de chevalier du soleil. Il a franchi la frontière des Pyrénées pour se

1

rendre dans le département de l'Aude , porteur de proclamations
et d'instructions aux affiliés d'une société secrète , dont le but était
sans doute de provoquer la guerre civile et de renverser le gouvernement ; mission qui n'a pas pu être exécutée en ce qui concerne
Lonjon , puisqu'il a été arrêté comme il mettait les pieds sur la
frontière , dénoncé peut-être d'avance par ce *Cugnet de Montarlot*
qui le décorait si généreusement de tant de titres.

Nous supposons tous ces faits prouvés puisqu'ils ont paru tels
aux yeux des jurés et des magistrats convoqués à Perpignan; il
s'agit d'examiner aujourd'hui si ces faits constituaient par eux-
mêmes le crime de *complot*, et s'ils étaient de nature à entraîner
la peine capitale.

Que des jurés , que des magistrats aient erré sur ce point, tout
grave qu'il est , il ne faut pas les accuser; une erreur de jugement
peut échapper aux consciences les plus scrupuleuses et les plus
timorées. C'est plutôt la faute de la loi qui, en mettant au rang des
crimes capitaux des choses qui n'ont pas d'existence matérielle ,
des choses pour ainsi dire insaisissables et indéfinissables , expo-
sent la justice aux plus fatales méprises.

Le Code pénal de 1791 et celui de brumaire an IV, ne faisaient
pas du *complot* un crime séparé de l'attentat ou de la conspiration;
ce crime se prouvait, comme tous les autres , par des actes *extérieurs* constituant au moins le commencement d'exécution ; et
même d'après le principe posé dans l'art. 2 du nouveau Code , si
la tentative avait manqué son effet par des circonstances dépen-
dantes de la volonté de l'auteur, c'est-à-dire s'il s'était repenti à
temps , il ne pouvait être puni.

C'est ainsi que la justice des hommes se modèle sur celle de
Dieu qui accorde le pardon des plus grands crimes à celui qui se
repent.

La loi du 3 brumaire an IV avait même cela de remarquable,
qu'elle ne portait la peine de mort contre les auteurs de conspira-
tions ou de complots, que temporairement et pendant la guerre,

c'est-à-dire tant que la loi contemporaine du 26 octobre 1795 (4 brumaire an IV) serait suspendue dans son exécution.

Autrement, et à la paix générale, la peine des fers était substituée de droit à la peine de mort.

A cette époque de 1795, la Convention, lasse de supplices, voulait élever un autel à la concorde ; elle ne voulait plus de peine capitale en matière politique.

Si ce décret suspendu, par une loi spéciale, dans le court intervalle de temps qui a suivi la paix d'Amiens, n'a pas pu, selon ses promesses, reprendre sa vigueur à la paix générale due à la restauration, si cette loi tant regrettable en certain cas, et dont la non exécution nous rend si précieux le droit de grâce réservé au Monarque, ne peut plus être invoquée devant les tribunaux, ses motifs du moins demeurent toujours subsistans.

Ils commandent la plus grande réserve dans l'application de la peine capitale, que le nouveau Code pénal a tant multipliée dans les crimes d'État.

Pour que cette application soit utile à la société, il faut que l'évidence du crime soit telle qu'elle frappe tous les yeux, et qu'il ne reste aucun doute raisonnable sur la culpabilité.

Si, comme on a lieu de l'espérer, la cause de l'infortuné *Lonjon* est envisagée sous cet aspect, son salut est assuré, et ce ne sera pas en vain qu'il aura fait un appel à la clémence du Monarque.

Nous lisons dans le Moniteur du 30 janvier, que S. M. l'empereur d'Autriche vient de remettre la peine de mort à un Français, le sieur Andryane, qualifié l'un des émissaires les plus marquans et les plus dangereux, d'une société secrète ayant pour but le renversement de son gouvernement, et que tous les autres accusés, sur la *culpabilité desquels* il a pu subsister le moindre *doute*, ont été mis en liberté.

« C'est surtout, dit la publication officielle, dans le sentiment » de sa propre force, et de la force de l'édifice de l'État, que » Sa Majesté a puisé cette détermination. »

S'il suffit du moindre *doute* sur la culpabilité, quelles ne doivent pas être nos espérances, aujourd'hui que le trône des Bourbons, à l'abri de tout danger, repose sur d'inébranlables fondemens?

Discussion de la culpabilité de Lonjon.

Le Code pénal range dans deux classes séparées les crimes commis contre la sûreté extérieure et ceux relatifs à la sûreté intérieure de l'État. *Lonjon* ayant été arrêté à son entrée en France, dont il était absent depuis long-temps, semblait ne pouvoir être accusé que d'avoir conspiré contre la sûreté extérieure de l'État; aussi l'un des chefs d'accusation portés contre lui, était-il d'avoir pris part à des manœuvres qui tendaient à ébranler la fidélité de l'armée, et d'avoir entretenu des intelligences avec l'ennemi, à l'effet de leur fournir des secours en hommes et en argent; mais il a été acquitté de cette accusation.

Il n'est plus resté que l'accusation d'avoir été l'agent ou le complice d'un *attentat* ou d'un *complot* ayant pour but soit de détruire ou de changer le gouvernement ou l'ordre de successibilité au trône, soit d'exciter les citoyens ou habitans à s'armer contre l'autorité royale, crime prévu par l'article 87 du Code pénal.

Lonjon a été également renvoyé de l'accusation d'*attentat*, et il n'est plus resté que le complot. Le *complot* est défini par l'art. 89, *La résolution d'agir concertée et arrêtée entre deux conspirateurs ou un plus grand nombre, quoiqu'il n'y ait pas eu d'attentat*, et comme, d'après l'art. 90, la simple proposition faite et non agréée d'en former un, n'est punie que de la réclusion, il en résulte bien évidemment que le complot n'est point un acte extérieur comme l'attentat; mais que c'est *une proposition respectivement faite et agréée de renverser le gouvernement, suivie d'un plan définitivement arrêté pour agir.*

» Quelque coupable, dit le savant magistrat, commentateur du
» Code pénal, que fût l'*intention* de former un complot ou de
» commettre un attentat, cette intention eût-elle été manifestée par
» des desseins et même par des *écrits*, elle ne suffirait pas pour
» constituer le complot.... Quatre conditions sont impérativement

» exigées pour qu'il y ait complot : la première, qu'il y ait eu réso-
» lution d'agir ; la seconde, que cette résolution ait été concertée et
» arrêtée ; la troisième, qu'elle ait été concertée et arrêtée entre
» plusieurs personnes ; la quatrième, qu'elle ait eu pour objet l'un
» des crimes énoncés aux art. 86 et 87.... Le complot défini par nos
» lois pénales, est un crime d'une nature toute particulière, un crime
» d'exception ; en toute autre matière, la justice humaine ne punit
» que les actes : ici la simple volonté comparaît au tribunal des
» hommes. Tant que la volonté est encore *flottante* , point
» d'association possible ; la loi veut une volonté positive , une ré-
» solution ; tant que le but est *indécis* , point d'association possible ,
» la loi veut que la résolution d'agir soit *concertée*. Ces degrés
» préliminaires franchis , il n'y a point encore de société, la réso-
» lution n'est pas encore *définitivement* prise ; la loi entend encore
» que la résolution soit arrêtée ; aussi le complot n'est qu'un dessein
» quelconque tendant, d'une manière plus ou moins répréhen-
» sible , plus ou moins éloignée , à un résultat coupable ; c'est la
» dernière résolution qui touche indirectement à l'attentat.

» Sortons de là , où sera la règle de nos décisions ? où nous
» arrêterons-nous ? aujourd'hui nous condamnerons comme un
» complot une volonté éventuelle, divergente, éloignée ; demain
» nous condamnerons des désirs vagues , des projets confus ; dans
» huit jours nous condamnerons de vaines paroles ; dans trois mois
» nous condamnerons des pensées isolées ; enfin ce crime sera
» celui de toutes les personnes qu'on voudra perdre , et auxquelles
» on n'en aura pas d'autre à reprocher. »

La Cour des pairs s'est conformée à cette doctrine dans ses
arrêts des 16 juillet et 23 novembre 1821, et on ne peut pas douter,
ajoute M. Carnot, qu'elle ne soit désormais la règle de conduite
des autres Cours de justice.

L'art. 89 punit donc la pensée coupable, sitôt qu'elle s'est trou-
vée en contact avec une autre pensée également coupable, sans
qu'on ait encore agi.

Ainsi l'a voulu, selon l'orateur du gouvernement, le suprême intérêt de l'État qui ne permet pas qu'on attende, et que l'on considère comme criminels ceux qui n'ont pas agi.

Tel étant le caractère spécial de ce genre d'accusation, il faut rechercher avec attention et examiner avec un soin scrupuleux, si le jury, en répondant aux questions, n'a pas fait une méprise, qui serait si funeste; s'il n'a pas confondu l'attentat avec le complot, et si, répondant négativement sur l'un et affirmativement sur l'autre, il n'a pas dénaturé l'un et l'autre crime.

L'arrêt de mise en accusation veut que Lonjon soit examiné avec ses coaccusés, sur la question de savoir s'il n'a pas été *l'agent et le complice*, pour avoir avec connaissance aidé dans les faits qui préparaient et facilitaient *l'action d'un attentat*, ou complot tendant soit à changer l'ordre de successibilité ou à détruire le gouvernement.

Remarquons que l'accusation était complexe, qu'elle comprenait tout à la fois l'attentat et le complot.

Qu'elle était complèxe aussi, en ce que s'appliquant à quatre individus, on demandait s'ils étaient agens, ou complices. Ce mot *agent* fut ici pris dans son véritable sens, parce qu'il s'agissait aussi bien d'une action, que d'une simple résolution mentale.

La pensée des magistrats est encore plus claire, si l'on fait attention aux mots *l'action d'un attentat*.

En effet, un *attentat* est nécessairement une action ; tandis qu'un complot est simplement une pensée coupable.

Voyons maintenant ce que cette accusation est devenue.

Le ministère public, dans son acte d'accusation, au lieu de se conformer littéralement à l'arrêt, s'est permis d'y faire des changemens notables, qui, plus tard, ont égaré le jury.

Il accuse Lonjon et autres d'être coupables, d'avoir été les agens ou complices, dans l'action d'un complot, (première question). Ou bien d'être coupables d'attentats ayant le même but que le susdit complot; (deuxième question).

Ainsi il place le *complot* le premier, et c'est en seconde ligne, c'est séparément, qu'il parlera de l'attentat.

Mais observez que, dans sa rédaction, il oublie déjà les définitions de la loi pénale.

La loi dit que le complot est une *résolution d'agir*, et non une *action*, et il la qualifie *action d'un complot*, ce qui est un véritable contresens, opposé au texte et à l'esprit de la loi pénale.

D'ailleurs comment peut-on être l'agent d'une chose qui n'est qu'une simple communication de la pensée?

Les questions furent d'abord posées aux jurés conformément non pas à l'arrêt, mais au résumé de l'acte d'accusation.

Cependant on sentit la nécessité de s'expliquer plus clairement. M. l'avocat-général a demandé que la première question, au lieu de comprendre dans une seule phrase l'accusation de complot et d'attentat, fût divisée, et les défenseurs y ayant consenti, deux questions séparées ont été posées au jury.

Sur la question de savoir, si Lonjon était coupable d'attentat contre la sûreté de l'État, le jury répond, *non l'accusé* n'est pas coupable.

Sur la question de savoir, s'il n'a pas pris part à des manœuvres qui tendaient à ébranler la fidélité de l'armée, d'avoir entretenu des intelligences avec l'ennemi, etc.;

Le jury répond encore: Non l'accusé n'est pas coupable!

Mais sur la première question, ainsi conçue:

« Lonjon est-il coupable d'avoir été l'agent ou le complice,
» pour avoir avec connaissance aidé ou assisté les auteurs, dans
» les faits qui préparaient ou facilitaient l'*action d'un complot*,
» tendant à changer l'ordre de successibilité, etc. »

Le jury répond affirmativement à la majorité de sept voix contre cinq autres.

Une telle déclaration en fait ne constitue pas le crime de complot, tel qu'il est prévu et qualifié par la loi pénale.

Il est certain d'abord qu'il faut écarter de la discussion le mot *complot*, qui se trouve dans les termes de la déclaration.

Si les faits déclarés constans ne constituent pas aux yeux de la loi un *complot* véritable, c'est un mot vide de sens; c'est comme si on eût déclaré que Lonjon avait commis le crime de parricide en maltraitant, et même en homicidant un autre que son fils.

On ne saurait trop le répéter, qu'est-ce qu'un *complot?* Le législateur a pris soin de le définir, pour que dans une matière aussi grave on ne tombe pas dans le vague des interprétations discutionnaires.

C'est une résolution d'agir.

Il diffère de la proposition faite et non agréée.

Résolution d'agir, concertée et arrêtée entre deux ou plusieurs conspirateurs.

Résolution d'agir. Ce n'est donc pas une action; ce n'est donc que la pensée coupable; l'orateur du gouvernement nous l'a dit. On saisit les coupables avant qu'ils aient agi.

Quand on a commencé à agir, c'est un *attentat.*

Or, le jury a exclu formellement l'attentat; il faut donc chercher, dans la déclaration du jury, la pensée ou résolution d'agir concertée.

Or, il est évident qu'elle n'y est pas.

Lonjon est coupable, disent les jurés, d'avoir été l'agent ou le complice dans *l'action d'un complot;*

Mais un complot n'est pas une action; si ce n'est pas une action, on n'en peut pas être l'agent;

Qu'est-ce donc encore une fois que le complot? c'est la proposition agréée et concertée de détruire le gouvernement. L'art. 90 nous le dit:

Or, résulte-t-il de la déclaration du jury, que Lonjon ait fait cette proposition à quelqu'un, et qu'un autre l'ait agréée; car il faut ces deux circonstances pour constituer le complot. Il faut même encore que le plan pour agir ait été arrêté.

Lonjon est, d'après la déclaration, auteur ou complice du complot; lui, l'auteur du complot! Mais à qui en a-t-il fait *la proposition?* qui l'a *agréé?* Entre quelles personnes y a-t-il eu *concert?* quel plan a été *arrêté?* quels étaient ses moyens d'exécution pour renverser le gouvernement?

Car, pour qu'il y ait eu *résolution* d'agir, il faut que ces moyens aient existé, ou qu'il ait cru les avoir?

Étaient-ce ses titres de chevalier de l'ordre du Soleil? de capitaine aide-de-camp du président Montarlot? Étaient-ce les lettres dont il était porteur près de ses co-accusés?

Mais ces lettres pouvaient bien être, aux yeux de l'accusation, un commencement de preuve, pour établir qu'il avait l'intention de faire une proposition de complot, mais non pas que le complot existât encore, ni surtout qu'il fût arrêté d'après un plan déterminé.

Si donc, on ne veut pas punir une intention isolée, même coupable, peut-on hésiter à le reconnaître innocent de l'accusation d'un complot dont l'existence n'est pas même constatée, à moins qu'on ne prenne pour telle l'organisation des autorités espagnoles pour se créer des moyens de résistance, et même pour repousser chez nous le fléau de la guerre civile? Dans ce cas même Lonjon n'eût pas été l'agent obscur d'obscurs conspirateurs, il eût été l'agent du gouvernement espagnol, et par conséquent il aurait commis le crime contre la sûreté extérieure de l'État.

Les articles 86, 87, 88 et 89 du Code pénal, ne parlent que de complots commis à l'*intérieur*; c'est confondre toutes les idées que de les appliquer à des machinations préparées à l'extérieur; or, dès qu'il est constant que Lonjon a été acquitté de l'accusation du crime contre la sûreté extérieure de l'État; dès qu'il est arrêté avant d'avoir pu se mettre en contact avec aucun Français de l'intérieur, il n'y a pas eu, il n'a pas pu y avoir d'attentat ni de complot contre la sûreté intérieure de l'État.

Il n'y a pas eu *attentat*, cela est évident et reconnu par le jury; il n'y a pas eu *complot*, car Lonjon n'a fait à aucun Français de l'intérieur la proposition de renverser le gouvernement ou de s'armer contre l'autorité royale; il n'y a eu ni concert, ni plan, ni résolution d'agir.

2

Puisque *Lonjon* n'est pas convaincu d'avoir pris part à aucune réunion ayant pour objet de former le complot, et par conséquent d'en être l'auteur, peut-il en être le *complice*, comme l'a subsidiairement déclaré le jury?

Y a-t-il, peut-il y avoir *complicité* dans le genre de crime qu'on appelle complot? tous les conspirateurs ne sont-ils pas également auteurs principaux et complices? cela est évident, et cela résulte de l'essence même de ce crime; car, puisqu'il existe sans aucun fait extérieur; puisque c'est la proposition respectivement faite et respectivement agréée, suivie d'un concert et d'un plan d'exécution, il est évident que quiconque agrée la proposition est aussi bien auteur principal que celui qui la fait; il est auteur principal, car, s'il n'agréait pas la proposition, il n'y aurait pas de *complot*, le crime n'existerait pas.

Or c'est un principe certain du droit criminel, qu'il ne peut pas y avoir de *complicité* d'un crime dont l'existence matérielle n'est pas constatée.

Veut-on une nouvelle preuve de cette vérité? Le Code pénal déclare *complices* ceux qui ont, avec connaissance, aidé ou assisté les auteurs de l'*action*, dans les *faits* qui l'ont préparée ou facilitée, ou dans ceux qui l'auront consommée.

Mais puisqu'un *complot* n'est pas une *action*, mais une résolution d'agir; puisque pour le constituer il ne faut pas de *faits*, mais simplement communication de pensée; puisque la culpabilité est toute mentale; puisqu'elle réside essentiellement dans la pensée et non ailleurs, comment peut-on dire qu'un individu est complice pour avoir aidé, dans des *faits* qui ne sont pas des *faits*, dans l'*action* d'un complot qui n'est pas une action?

On insiste cependant, et l'on dit : « Qu'il y a *action* dans le com-
» plot; » et comment cela? «par le concert délibéré et arrêté entre
» les conspirateurs. » Mais n'est-ce pas confondre toutes les idées
que d'appeler action une opération mentale, qui ne se manifeste par aucun acte extérieur?

Si la réserve portée dans la dernière partie de l'art. 60 du Code pénal, contre les auteurs de complots et provocations attentatoire à la sûreté de l'État, n'est point exclusive à l'égard de leurs complices des faits de complicité, elle n'est pas non plus *constitutive* de la complicité elle-même; et si la définition de cette complicité peut s'appliquer à la provocation, qui se compose de faits extérieurs, elle n'a évidemment aucune application à ce genre de complot, défini par l'art. 89, définition exclusive d'aucun fait.

Nous disons du genre de complot défini par l'art. 89; car il y a des *complots* d'une autre espèce, et M. le conseiller *Carnot* l'a bien remarqué sur l'art. 91 du Code pénal.

Nous pourrions aussi faire d'autres observations sur la singulière alternative contenue dans la réponse du jury.

Lonjon est-il coupable, lui a-t-on demandé, d'avoir été l'agent OU le complice, pour avoir, avec connaissance, aidé.... l'action d'un complot tendant, *soit* à changer et à détruire le gouvernement et l'ordre de successibilité au trône, *soit* à exciter les citoyens à s'armer contre l'autorité royale, *soit* encore à exciter la guerre civile, en armant ou en portant les citoyens à s'armer les uns contre les autres?

Et sur une question aussi complexe, qui est composée de la réunion de quatre articles du Code pénal : (60, 87, 89 et 91), le jury répond *oui?* Mais ce jury a été divisé, il n'a porté sa déclaration qu'à la simple majorité; par l'emploi ou l'abus quatre fois répété dans la question, de l'*alternative ou* et *soit*, rien ne constate légalement et correctement qu'il se soit établi parmi ces jurés une majorité suffisante sur un seul des faits déclarés d'une manière alternative, les uns ayant pu fonder leur opinion de culpabilité sur l'une des circonstances, et exclure toutes les autres; et les autres l'ayant appuyée mentalement sur toute autre; et il suffit (dit M. *Carnot* sur l'art. 60), que la chose soit possible pour qu'on doive la tenir constante dans l'intérêt de l'accusé.

« Sur une pareille déclaration, auquel des faits pouvoir ratta-
» cher la condamnation? ce ne peut être à *tous*, la disjonctive OU
» ne le permettrait pas ; et ce ne pourrait être non plus à aucun
» en particulier, puisque *la même incertitude* planerait sur chacun
» d'eux. »

Si nous venons à l'application, comment croire, par exemple,
que la majorité des jurés ait cru Lonjon coupable d'avoir excité
les citoyens à la guerre civile, en les armant ou les portant à s'armer, lui qui a été saisi sur la frontière, uniquement porteur de
proclamations ou de lettres, n'ayant pu encore en distribuer aucune?

N'est-ce pas à la confusion d'idées qui s'est nécessairement faite
dans l'esprit des jurés, qu'il faut attribuer l'affirmative d'une déclaration plus qu'équivoque?

Nous en avons dit beaucoup sans doute, pour démontrer le vice
de la déclaration du jury ; est-ce notre faute si la loi, en établissant
un crime d'exception fondé sur l'intention et sur la pensée, nous a
forcé à discuter aussi longuement, une culpabilité qui, d'après la
nature de la peine, devrait parler si haut?

On pourrait défier le plus subtil logicien de la faire concorder
avec le texte de la loi qui a défini le complot. Non-seulement on
ne peut pas la faire concorder, mais elle y est essentiellement con-
traire dans toutes ses parties.

Pour que la déclaration fût légitime et conforme au texte et à
l'esprit de la loi pénale, il faudrait que le jury eût dit :

« *Oui, Lonjon est coupable d'avoir,* avec tels ou tels conspira-
» teurs, concerté et arrêté la résolution d'agir pour renverser le
» gouvernement, etc. »

Or, si, comme on vient de le dire au nom d'un puissant monarque, il suffit du moindre doute pour que la peine capitale soit
commuée, même dans les crimes d'État; si c'est une vérité morale
et politique que les condamnations de cette nature ne sont utiles à

la société qu'autant que la culpabilité est évidente ; si les gouver-
nemens fortement assis, et à l'abri de tout danger, pardonnent
même aux coupables,

Quelles ne doivent pas être les espérances de l'infortuné *Lonjon*
et de sa famille ?

Qui pourrait ne pas s'associer à ses justes sollicitudes, et ne pas
joindre ses vœux aux siens, pour que la clémence royale répare une
erreur involontaire de jugement, et fasse ainsi descendre des conso-
lations dans des cœurs qui ne peuvent plus rien attendre que d'elle !

Signé V° LONJON.

LONJON fils.

IMPRIMERIE DE J. TASTU, RUE DE VAUGIRARD, N° 36.